INTRODUCCIÓN AL PROCEDIMIENTO DE ENTREGA-RECEPCIÓN

INTRODUCCIÓN AL PROCEDIMIENTO DE ENTREGA-RECEPCIÓN

Nociones Generales

Jonathan F. Carrillo Rodríguez

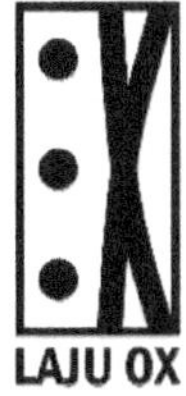

Introducción al Procedimiento de Entrega Recepción. Nociones Generales

Primer edición. 2024.

© D.R. LAJU OX S.A.S. de C.V.
Victoriano González, 320, C.P: 52600, Tianguistenco, México.

© D.R. JONATHAN FRANCISCO CARRILLO RODRÍGUEZ
Guadalajara, Jalisco.

Autor: Jonathan Francisco Carrillo Rodriguez.

Diseño de portada: Clemente Daniel Valdés Piña.

ISBN: 978-607-69772-3-1

Índice

GUIA BÁSICA PARA EL PROCEDIMIENTO DE ENTREGA-RECEPCIÓN EN LAS ENTIDADES PÚBLICAS ESTATALES Y MUNICIPALES DEL ESTADO DE JALISCO

1. Introducción

El procedimiento de entrega-recepción es un concepto poco conocido para quienes no han tenido la experiencia de desempeñarse como servidores públicos o como asesores en entidades públicas[1]. Incluso se ha constatado que académicos y profesionistas en el área del Derecho, Administración Pública y Ciencias Políticas, conocen poco o nada de la entrega-recepción[2] y no han tenido interés en profundizar en su estudio.

---

[1] Se utilizará el término "entidades públicas", en singular o plural, para referirnos indistintamente a los Poderes de la Federación y los Estados, Ayuntamientos, Órganos Constitucionales Autónomos Federales y Locales, y las dependencias y entidades de la Administración Pública centralizada y paraestatal en el ámbito federal, estatal y municipal.

[2] Se empleará el término "entrega-recepción" como abreviación de "procedimiento de entrega-recepción".

A diferencia de otras figuras del Derecho Administrativo, los interesados en la entrega-recepción, se encuentran ante la carencia de fuentes para comprender sus elementos teóricos. No se encuentra, ni en los tratados sobre Derecho Administrativo o de Administración Pública, un marco conceptual de la entrega-recepción. A excepción de algunas guías y cursos, generalmente elaborados por instancias de gobierno, sin aportes teóricos relevantes y orientados a los aspectos prácticos para la realización del procedimiento de entrega-recepción.

Previo a este trabajo, no existe un estudio y análisis de la entrega-recepción como el que se produce en este texto; en el que se abordan los elementos teóricos y prácticos necesarios para comprender y contextualizar el procedimiento de entrega-recepción. En este trabajo se introduce al procedimiento de entrega-recepción mediante la producción de un marco conceptual de la entrega-recepción, partiendo de un análisis de la interacción entre doctrina y normas jurídicas, es decir, entre teoría y práctica.

Si bien, el procedimiento de entrega-recepción se lleva a cabo en las entidades públicas de manera casi empírica, siguiendo las disposiciones jurídicas y administrativas de los Órganos Internos de Control, bajo una dinámica casi tan sencilla como llenar un formato; resulta necesario producir un marco conceptual que proporcione a los servidores públicos o al lector con interés académico o profesional, una base teórica y práctica para comprender, contextualizar y ejecutar la entrega-recepción.

Es importante advertir que, ante la falta de un marco conceptual de la entrega-recepción, es común que a esta figura se le denomine indistintamente como "proceso de entrega-recepción" o "procedimiento de entrega-recepción". Sin embargo, la entrega-recepción es un procedimiento administrativo, tal y como se explicará más adelante.

Aunque el concepto de procedimiento administrativo está vinculado a la actividad de la Administración Pública, el procedimiento de entrega-recepción no es exclusivo de esta rama del poder público, pues se realiza en todas las entidades públicas de los tres poderes, así como en el ámbito federal, estatal y municipal.

De forma preliminar, se puede decir que el procedimiento de entrega-recepción tiene lugar cuando un servidor público, por distintos motivos, se separa o concluye su cargo, empleo o comisión. A través de este medio, se realiza la transferencia de los bienes, recursos, documentos, derechos y obligaciones propios del despacho al servidor público que lo sustituye. La entrega-recepción es fundamental para garantizar la continuidad de la función pública y de la prestación de servicios públicos; preservar los recursos públicos; y garantizar una transición formal y legal de las entidades públicas.

En este texto se realiza un acercamiento a los elementos teóricos y prácticos del procedimiento de entrega-recepción, conformando un marco conceptual para comprender y contextualizar la entrega-recepción. Se analizarán los antecedes, su concepto, su finalidad, su marco jurídico, sus características, los sujetos, los tipos, el objeto, las etapas y el acta de entrega-recepción, así como sus anexos. Los elementos analizados son comunes y generales al procedimiento de entrega-recepción en el ámbito local.

Finalmente, en una segunda parte del libro se presenta una guía básica del procedimiento de entrega-recepción para las entidades públicas estatales y municipales del Estado de Jalisco. En la cual se abordan todos los elementos prácticos para desarrollar el procedimiento de entrega-recepción conforme a la legislación vigente, proporcionando herramientas para elaborar los documentos y disposiciones necesarios para la entrega-recepción.

2. Antecedentes

El surgimiento del procedimiento de entrega-recepción en México es relativamente reciente. Se encuentra su origen y los primeros antecedentes jurídicos en el Decreto Presidencial del 19 de noviembre de 1982, así como en el Acuerdo de la entonces Secretaría de Planeación y Presupuesto, fechado el 23 de noviembre del mismo año. En estas disposiciones se creó e instrumentó un procedimiento administrativo. Por medio de este, los titulares y funcionarios de las dependencias y entidades de la Administración Pública Federal entregarían y recibirían los asuntos pendientes. Asimismo, los recursos a su resguardo serían entregados a los servidores públicos que los sustituyeran en su cargo.

La entrega-recepción surgió durante un "proceso de modernización" de la Administración Pública que comenzó en 1980, junto con un cambio en el sistema económico del país. Este proceso, promovido principalmente por Organismos Económicos Internacionales facilitó la introducción del neoliberalismo. Con este proceso de modernización y cambio de sistema económico, se buscaba, entre otros aspectos, disminuir el tamaño del Estado, fortalecer la participación social y hacer eficiente el ejercicio de los recursos públicos. Las reformas realizadas durante el proceso de modernización de la Administración Pública trajeron consigo la creación y adopción de figuras, instituciones, principios y normas en materia de fiscalización, rendición de cuentas y eficacia en el uso de recursos públicos.

El procedimiento de entrega-recepción surge en este contexto y con la finalidad esencial de garantizar la continuidad de la función pública y la prestación de servicios públicos. Además, busca asegurar la preservación de los recursos públicos y los archivos de las entidades públicas. Por ello, pretende funcionar como un mecanismo de rendición de cuentas para los servidores públicos en cuanto a su gestión, el cumplimiento de los objetivos gubernamentales, y el ejercicio y destino de los recursos públicos bajo su administración.

Es importante mencionar que, en cierta medida, las condiciones políticas que se vivían en el país contribuyeron al surgimiento de la entrega-recepción. Esto se debió a las décadas de estabilidad política que permitían que las transiciones de gobierno fueran pacíficas, ordenadas y legales. Pues, mediante el procedimiento de entrega-recepción, por primera vez se tenía un proceso administrativo para realizar la entrega y recepción de las dependencias y entidades de la Administración Pública Federal con el cambio de administración. Considerando también que la entrega-recepción aparece antes de concluir el sexenio del presidente José López Portillo (1976-1982), durante el proceso de transición de gobierno a Miguel de la Madrid Hurtado (1982-1988).

El procedimiento de entrega-recepción surgió en la Administración Pública Federal y posteriormente fue adoptado por las entidades públicas en el ámbito federal y local. La evolución y desarrollo de la entrega-recepción es paralelo y distinto en el ámbito federal y local, incluso es distinto entre las propias entidades públicas a nivel federal.

En el ámbito federal, se pueden identificar los antecedentes jurídicos, la evolución y el desarrollo de la entrega-recepción hasta hoy. Esto se logra a través de las distintas disposiciones administrativas que regularon e instrumentaron este procedimiento en la Administración Pública Federal, en el Poder Legislativo y Judicial y en los Órganos Constitucionales Autónomos.

Por otra parte, a nivel local es posible observar la adopción, desarrollo y evolución de la entrega-recepción mediante la expedición de leyes locales en esta materia, lo que ha sucedido de manera diferente en cada entidad federativa desde 1992. En este ámbito, a diferencia del ámbito federal en el que no existe una ley en la materia, fue común regular esta figura en una norma jurídica para establecer las bases generales y los principios de la entrega-recepción para las entidades públicas locales.

Antecedentes jurídicos a nivel federal

Los primeros antecedentes jurídicos de la entrega-recepción en el sistema jurídico mexicano son: el Decreto Presidencial del 19 de noviembre de 1982, denominado *"Decreto mediante el cual se ordena que los titulares de las dependencias y entidades de la Administración Pública Federal y los funcionarios en ejercicio de facultades delegadas deberán elaborar un informe de los asuntos que de su competencia se encuentren en trámite, a fin de que sea entregado a quien los sustituya en el cargo"*, publicado en el Diario Oficial de la Federación el 22 de noviembre de 1982 y el Acuerdo de la Secretaria de Planeación y Presupuesto publicado el 23 de noviembre de 1982, denominado *"Acuerdo mediante el cual se comunican las disposiciones que se aplicarán en la entrega y recepción del despacho a cargo de los titulares de las Dependencias y Entidades de la*

Administración Pública Federal y a los Funcionarios en ejercicio de facultades delegadas, a partir del nivel jerárquico correspondiente a Director General, Gerente o su equivalente", publicado en el Diario Oficial de la Federación el 24 de noviembre de 1982.

Posteriormente, se expidió el Decreto Presidencial del 29 de julio de 1988, denominado *"Decreto por el que los titulares de las dependencias y entidades de la Administración Pública Federal y servidores públicos hasta el nivel de director general en el sector centralizado o su equivalente en el sector paraestatal, deberán rendir al separarse de sus empleos, cargos o comisiones, un informe de los asuntos de sus competencias y entregar los recursos financieros, humanos y materiales que tengan asignados para el ejercicio de sus atribuciones legales, a quienes los sustituyan en sus funciones"*, publicado en el Diario Oficial de la Federación el 2 de septiembre de 1988.

De manera complementaria al Decreto, fue expedido el Acuerdo del 2 de septiembre de 1988, denominado *"Acuerdo mediante el cual se establecen las disposiciones que se aplicarán en la entrega y recepción del despacho de los asuntos a cargo de los titulares de las dependencias y entidades de la Administración Pública Federal y de los servidores públicos hasta nivel de director general en el sector centralizado, gerente o sus equivalentes en el sector paraestatal"*, publicado en el Diario Oficial de la Federación el 5 de septiembre del mismo año.

Ambas disposiciones administrativas fueron expedidas al final del sexenio del presidente Miguel de la Madrid Hurtado para la transición de gobierno al presidente entrante Carlos Salinas de Gortari (1988-1994). Estuvieron vigentes para la entrega-recepción en la Administración Pública Federal desde 1988 hasta 2005, regulando los procedimientos de entrega-recepción en las transiciones de gobierno de los presidentes Ernesto Zedillo Ponce de León (1994-2000) y Vicente Fox Quezada (2000-2006).

Posteriormente se encuentra el Decreto Presidencial del 12 de septiembre de 2005, publicado en el Diario Oficial de la Federación el 14 de septiembre del mismo año, denominado *"Decreto para realizar la entrega-recepción del informe de los asuntos a cargo de los servidores públicos y de los recursos que tengan asignados al momento de separarse de su empleo, cargo o comisión".*

Adicionalmente al Decreto, se emite el Acuerdo del 10 de octubre de 2005, denominado *"Acuerdo que establece las disposiciones que deberán observar los servidores públicos al separarse de su empleo, cargo o comisión, para realizar la entrega-recepción del informe de los asuntos a su cargo y de los recursos que tengan asignados",* publicado en el Diario Oficial de la Federación el 13 de octubre del mismo año.

Estas disposiciones administrativas estuvieron vigentes hasta el año 2017 y regularon el procedimiento de entrega-recepción en la Administración Pública Federal para las transiciones de gobierno del presidente Felipe Calderón Hinojosa (2006-2012) y Enrique Peña Nieto (2012-2018).

Sucesivamente, fue emitido el Acuerdo Presidencial del 5 de julio de 2017, publicado en el Diario Oficial de la Federación el 6 de julio del mismo año, denominado *"Acuerdo por el que se establecen las bases generales para la rendición de cuentas de la Administración Pública Federal y para realizar la entrega-*

recepción de los asuntos a cargo de los servidores públicos y de los recursos que tengan asignados al momento de separarse de su empleo, cargo o comisión".

Se emitió de manera complementaria, el Acuerdo del 17 de julio de 2017, denominado *"Acuerdo por el que se establecen los Lineamientos Generales para la regulación de los procesos de entrega-recepción y de rendición de cuentas de la Administración Pública Federal"*, publicado en el Diario Oficial de la Federación el 27 de julio del mismo año.

Estas disposiciones administrativas destacan por convertir la entrega-recepción en un procedimiento administrativo orientado a la rendición de cuentas, lo cual fue consecuencia de la reforma constitucional en materia de combate a la corrupción de 2015 y de la implementación del Sistema Nacional Anticorrupción. Ambas disposiciones instrumentaron el procedimiento de entrega-recepción para la transición de gobierno al presidente Andrés Manuel López Obrador (2018-2024).

Finalmente, se encuentran las disposiciones administrativas vigentes: el Acuerdo Presidencial del 2 de junio de 2023, denominado *"Acuerdo por el que se establecen las bases generales para los procedimientos de rendición de cuentas, individuales e institucionales, de la Administración Pública Federal"*, publicado el 5 de junio del mismo año; y la disposición Administrativa expedida por la Secretaria de la Función Pública el 4 de julio de 2023 denominada *"Lineamientos Generales para la regulación de los procedimientos de rendición de cuentas de la Administración Pública Federal"*, publicados en el Diario Oficial de la Federación el 11 de julio del mismo año.

Derivado de estas disposiciones administrativas, se ha transformado de manera total el procedimiento de entrega-recepción en el ámbito de la Administración Pública Federal. La entrega-recepción se ha convertido en un procedimiento de rendición de cuentas individual e institucional. Estas disposiciones regularán la transmisión de las dependencias y entidades de la Administración Pública Federal en la transición de gobierno al candidato que resulte electo como Titular del Ejecutivo Federal para el periodo constitucional de 2024 a 2030.

Otros antecedentes jurídicos relacionados con la entrega-recepción en el ámbito federal se encuentran en el Poder Legislativo. En la Cámara de Diputados, el antecedente más remoto de la entrega-recepción es el "Acuerdo de Conferencia para la Dirección y Programación de los Trabajos Legislativos del Programa de entrega-recepción de la LVII Legislatura", publicado en la Gaceta Parlamentaria el 26 de mayo de 2000.

Posteriormente, se publicó el "Acuerdo de la Junta de Coordinación Política, relativo al Programa General de Entrega-Recepción de la LVIII a la LIX Legislatura de la Cámara de Diputados del H. Congreso de la Unión". Este acuerdo fue publicado en la Gaceta Parlamentaria el 16 de agosto de 2003.

Asimismo, se aprobó la "Norma para la Entrega y Recepción de los Órganos Legislativos y Unidades Administrativas de la Cámara de Diputados", por Acuerdo de la Junta de Coordinación Política con fecha 21 de mayo de 2006 y publicada en la Gaceta Parlamentaria el 24 de mayo del mismo año.

Adicionalmente, fue expedido el ''Acuerdo por el que se establecen las bases del Programa General de Entrega y Recepción por conclusión de la LIX Legislatura de la Cámara de Diputados, relativo a expedientes, archivos y bases de datos legislativos'', publicado en la Gaceta Parlamentaria el 24 de mayo de 2006.

Subsiguientemente, se encuentra la ''Norma para la Entrega y Recepción de los Órganos Legislativos y Unidades Administrativas de la Cámara de Diputados'', aprobada por el Pleno de la Cámara de Diputados el 22 de abril de 2009 y publicada en la Gaceta Parlamentaria el 28 de abril del mismo año.

En ese periodo, se encuentran otras dos disposiciones relacionadas con la entrega-recepción: el ''Acuerdo por el que se establecen las bases del programa general de Entrega y Recepción por conclusión de la LX Legislatura de la Cámara de Diputados, relativo a los bienes materiales y a los recursos asignados a grupos parlamentarios, diputados sin partido, comisiones, comités y órganos de gobierno'', publicado en la Gaceta Parlamentaria el 23 de abril de 2009; y el "Acuerdo por el que se establecen las bases del programa general de Entrega y Recepción" por conclusión de la LX Legislatura, publicado en la Gaceta Parlamentaria el 30 de abril de 2009.

Posteriormente se encuentra el Manual de Políticas para llevar a cabo los Actos de Entrega y Recepción de los Órganos Legislativos y Unidades Administrativas de la Cámara de Diputados, publicado en la Gaceta Parlamentaria el 14 de junio de 2012.

Por último, las disposiciones vigentes en materia de entrega-recepción para la Cámara de Diputados son: la Norma para la Entrega y Recepción de los Órganos Legislativos y Unidades Administrativas de la Cámara de Diputados, publicada en la Gaceta Parlamentaria el 18 de julio de 2023; y el Manual de políticas para llevar a cabo los actos de Entrega y Recepción de los Órganos Legislativos y Unidades Administrativas de la Cámara de Diputados, publicado en la Gaceta Parlamentaria el 16 de octubre de 2023.

En el Senado de la República, el único antecedente jurídico de la entrega-recepción que es posible localizar consiste en las Políticas para la

Participación en Actos de Entrega-Recepción y Actas Administrativas de abril de 2013, disposición administrativa vigente.

Finalmente, en cuanto al Poder Judicial de la Federación, se encuentra como único antecedente jurídico de la entrega-recepción el Acuerdo General del Pleno del Consejo de la Judicatura Federal que establece las disposiciones en materia de responsabilidades administrativas, situación patrimonial, control y rendición de cuentas, publicado en el Diario Oficial de la Federación el 7 de diciembre de 2018. Acuerdo que se encuentra vigente.

Antecedentes jurídicos a nivel local

En el ámbito local, a diferencia del ámbito federal, se reguló e instrumentó la entrega-recepción en una norma jurídica; es decir, fueron expedidas leyes locales en materia de entrega-recepción. En la legislación local, se han establecido las bases y principios que son aplicables para el procedimiento de entrega-recepción en las entidades públicas estatales y municipales.

El primer antecedente que se puede localizar de las leyes locales en materia de entrega-recepción es en el Estado de Campeche con la Ley que establece las Bases para la Entrega-Recepción del Despacho de los Titulares y otros Servidores de las Dependencias y Entidades de la Administración Pública Estatal y Municipal[3] expedida en 1992.

Posteriormente, se encuentra la expedición de legislación local en materia de entrega-recepción en las siguientes entidades federativas: San Luis Potosí (1994), Baja California y Nayarit (1998), Ciudad de México (2002), Tamaulipas (2003), Coahuila (2005), Guerrero (2008), Durango (2009), Quintana Roo y Sinaloa (2010), Morelos y Tlaxcala (2011), Chiapas y Jalisco (2012), Zacatecas (2013), Sonora y Tabasco (2014), Chihuahua

---

[3] Abrogada en 2021 por la Ley de Entrega-Recepción del Estado de Campeche y sus Municipios.

e Hidalgo (2015), Oaxaca y Veracruz (2017), Nuevo León y Puebla (2020), y Yucatán (2023).[4]

Hasta la fecha, algunos estados como Aguascalientes, Estado de México, Baja California Sur, Colima, Michoacán[5] y Guanajuato no cuentan con una ley de entrega-recepción. En estos casos, el procedimiento de entrega-recepción se rige por disposiciones administrativas expedidas por el Ejecutivo estatal, por los órganos del Poder Legislativo y Judicial, o por los ayuntamientos, dentro de su ámbito de competencias.

Las entidades federativas adoptaron la entrega-recepción, con la misma finalidad que en el ámbito federal, esto es, garantizar la continuidad de la función pública, preservar los recursos públicos, instrumentar la rendición de cuentas y formalizar un procedimiento administrativo para la entrega y recepción de las entidades públicas estatales y municipales.

---

[4] Entre paréntesis, el año en el cual se expidió la ley en materia de entrega-recepción en la entidad federativa, de acuerdo con la información del Orden Jurídico Nacional.
[5] En 2023 fue presentada una iniciativa de ley de entrega-recepción, la cual no ha sido aprobada por el Congreso Local.

Sin embargo, es posible observar que la tendencia de instrumentar en una norma jurídica el procedimiento de entrega-recepción obedece a la necesidad de formalizar la transición de gobierno con un acto regulado por la ley. Además, busca promover prácticas de transparencia, fiscalización, disciplina y rendición de cuentas. Asimismo, tiene como objetivo fortalecer el combate a la corrupción, garantizar la eficacia en el ejercicio, destino y transparencia en el uso de recursos públicos, favorecer el acceso a la información pública, regular la etapa conclusiva de un periodo de gobierno y de los servidores públicos salientes, y facilitar el inicio de funciones de los gobiernos y servidores públicos entrantes.

3. Concepto

El procedimiento de entrega-recepción es un procedimiento administrativo. Por procedimiento administrativo entenderemos, como lo conceptualiza Fernández Ruiz (2016), al conjunto de actos metódicamente articulados con la finalidad particular de regular la intervención de quienes participan en la conformación de un acto de un órgano del poder público en ejercicio de la función administrativa, destinada a producir efectos jurídicos respecto de casos específicos.

En estos términos, el artículo 2 de la Ley de Entrega-Recepción del Estado de Jalisco y sus Municipios define a la entrega-recepción como:

"El procedimiento administrativo de interés público, de cumplimiento obligatorio y formal, mediante el cual un servidor público que concluye su función hace entrega del despacho a su cargo, mediante la elaboración del acta administrativa de entrega-recepción al servidor público que lo sustituye en sus funciones o, en su caso, al Órgano Interno de Control".

La Guía Conceptual del Proceso de Entrega-Recepción en la Administración Pública Estatal y Municipal (2015), la define como:

"El procedimiento administrativo de interés público, de cumplimiento obligatorio y formal mediante el cual un servidor público obligado que concluye su función hace entrega del despacho a su cargo al servidor público entrante, mediante la elaboración del acta administrativa correspondiente".

En ese mismo sentido, la entrega-recepción se define como un procedimiento administrativo mediante el cual se realiza la entrega y recepción de bienes, recursos, documentos, derechos y obligaciones de las entidades públicas, en el que intervienen los servidores públicos obligados y el Órgano Interno de Control, y es formalizado mediante un acta administrativa de entrega-recepción.

Por otra parte, también se puede considerar a la entrega-recepción, en términos jurídicos, como un acto jurídico debido a las consecuencias legales que produce. Con la entrega-recepción se crean, transmiten y extinguen derechos, obligaciones y facultades inherentes al cargo, empleo o comisión de las entidades públicas.

En estos términos, se debe entender a la entrega-recepción como el acto jurídico mediante el cual se formaliza la entrega y recepción de una entidad pública, y se crean, transmiten y extinguen, parcialmente, derechos, obligaciones y facultades entre el servidor público saliente y el servidor público entrante.

Las consecuencias jurídicas que produce la entrega-recepción son que el servidor público saliente, al entregar el despacho a su cargo, transmite derechos, obligaciones y facultades al servidor público que lo sustituye. Este último se convierte en depositario de estos, al tiempo que nacen para él derechos y obligaciones propios del cargo, empleo o comisión que asume. También, se extinguen parcialmente las obligaciones y responsabilidades directas del servidor público saliente, subsistiendo obligaciones y responsabilidades accesorias y derivadas del uso y destino de los recursos públicos administrados y de su ejercicio como servidor público.

Asimismo, se puede considerar a la entrega-recepción como un mecanismo de rendición de cuentas, tomando en consideración que su finalidad es, en cierta medida, la rendición de cuentas. La entrega-recepción sirve como instrumento o medio para que los servidores públicos cumplan con su obligación de rendir cuentas sobre el ejercicio de sus funciones y el uso y destino de los recursos públicos bajo su administración.

La entrega-recepción se entiende como el mecanismo por el cual los servidores públicos obligados rinden cuentas del estado que guarda la información, asuntos, programas, proyectos, acciones, compromisos, bienes, obligaciones y recursos públicos a su cargo, así como de su desempeño durante el ejercicio de sus funciones.

Como mecanismo de rendición de cuentas, no sólo permite a los servidores públicos cumplir con su obligación en esa materia, sino que también favorece la transparencia de la información y los datos que se generan respecto al uso y destino de los recursos públicos, así como de la gestión del servidor público. Garantiza el derecho a la información pública inmersa en la rendición de cuentas, ya que la información generada en el procedimiento de entrega-recepción se considera pública en materia de transparencia.

Adicionalmente, se puede considerar a la entrega-recepción en términos políticos como un acto en la transición de gobierno. Se debe recordar, como se señaló anteriormente, que la entrega-recepción surgió en el contexto de una transición de gobierno y con la finalidad de establecer un procedimiento que permitiera la entrega formal y legal de las entidades públicas durante los cambios de administración.

Para entender a la entrega-recepción en estos términos, se debe considerar que la transición de gobierno es un proceso político que abarca diversos actos. Estos actos comienzan al concluir un proceso electoral e incluyen actos producidos por autoridades electorales, por el Poder Legislativo y por las administraciones salientes y entrantes. Dentro de la diversidad de actos que integran este proceso, se sitúa el procedimiento de entrega-recepción como el acto final o conclusivo del proceso de transición de gobierno. Así, se observa que la entrega-recepción constituye la etapa conclusiva de los gobiernos salientes y la etapa inicial de los gobiernos entrantes.

Aunado a lo anterior, es importante dejar en claro que la entrega-recepción, como un procedimiento administrativo debidamente instrumentado y regulado en normas jurídicas, posee un carácter formal y actúa como acto jurídico que produce certeza legal; constituye un sustento jurídico y formal en los procesos de transición de gobierno. Por ello, existe una relación necesaria e indispensable entre la entrega-recepción y la transición de gobierno.

Finalmente, en términos contables, se puede entender también a la entrega-recepción como un procedimiento contable de verificación y comprobación del ejercicio y desempeño financiero y presupuestal, en cuanto al uso de bienes y recursos económicos asignados a una entidad pública, con el objetivo de comprobar el estado financiero que guarda y el cumplimiento de la legislación hacendaria y de contabilidad gubernamental.

Como procedimiento contable, la entrega-recepción permite conocer y verificar el estado que guardan los recursos económicos y bienes patrimoniales de una entidad pública al término de la gestión, es decir, los recursos disponibles, pasivos, bienes, derechos y obligaciones. La información que se genera permitirá al gobierno entrante o al servidor público que asume la gestión, conocer el estado financiero que guardan las entidades públicas.

4. Finalidad

La finalidad, entendida como elemento teórico, consiste en el objetivo que busca el procedimiento de entrega-recepción; es decir, la razón de su realización. Para abordar este elemento, resulta necesario considerar las implicaciones de la entrega-recepción, examinando los términos en los cuales puede ser comprendido de acuerdo con la conceptualización previamente efectuada.

No es posible sostener la idea de que el procedimiento de entrega-recepción tenga una única finalidad, ya que ello implicaría dejar incompleto un elemento teórico esencial para comprender y contextualizar dicho procedimiento. En este sentido, la finalidad del procedimiento de entrega-recepción es:

- Garantizar la continuidad de la función pública y la prestación de servicios públicos.

La función pública y la prestación de servicios públicos no pueden interrumpirse o detenerse con el cambio de administración o transición de gobierno, ni por sustitución de los servidores públicos de una entidad pública. Por ello, el procedimiento de entrega-recepción pretende garantizar la continuidad de las funciones de las entidades públicas.

- Preservar los recursos públicos, documentos y archivos de las entidades públicas.

Mediante el procedimiento de entrega-recepción, se busca optimizar y proteger los recursos públicos, favorecer la planeación estratégica, tomar decisiones y preservar la memoria institucional para mejorar el ejercicio de los servidores públicos que asumen un cargo, empleo o comisión en la entidad pública.

- Permitir a los servidores públicos rendir cuentas de la gestión, del cumplimiento de los objetivos gubernamentales y del ejercicio y destino de los recursos públicos a su cargo.

El procedimiento de entrega-recepción puede considerarse un mecanismo de rendición de cuentas. Por ello, busca que los servidores públicos obligados rindan cuentas del estado que guarda la información, asuntos, programas, proyectos, acciones, compromisos, bienes, obligaciones y recursos públicos a su cargo, así como de su desempeño durante el ejercicio de sus funciones.

- Instrumentar la entrega y recepción de las entidades públicas durante el cambio de administración o transición de gobierno.

La entrega-recepción busca permitir que los gobiernos y servidores públicos entrantes reciban de manera formal, jurídica y material las entidades públicas.

- Formalizar la transferencia ordenada, precisa, jurídica y material de los recursos públicos, bienes, documentos, derechos y obligaciones de las entidades públicas.

Mediante el procedimiento de entrega-recepción, el cual está debidamente regulado en normas jurídicas como un procedimiento en el que deben sustanciarse diversos actos de acuerdo con la legislación y cumplirse requisitos y formalidades, se busca que la entrega y recepción de las entidades públicas sea formal, ordenada y precisa a través de la elaboración de un acta administrativa como el requisito formal del procedimiento.

- Documentar y dar certeza jurídica de la transmisión del patrimonio público y su resguardo.

Mediante la elaboración del acta administrativa de entrega-recepción, la cual es un requisito formal y esencial del procedimiento de entrega-recepción, se documenta y otorga certeza jurídica de la transmisión patrimonial de las entidades públicas.

- Delimitar las responsabilidades de los servidores públicos obligados.

Finalmente, la entrega-recepción tiene como objetivo delimitar las responsabilidades de los servidores públicos respecto al uso, destino y ejercicio de los recursos públicos a su resguardo durante la temporalidad de su gestión. En otras palabras, busca delimitar la responsabilidad del servidor público saliente tras entregar el cargo, momento en el cual sus obligaciones y responsabilidades se extinguen parcialmente, así como la responsabilidad del servidor público entrante, quien asume las obligaciones y responsabilidades por el resguardo, uso, destino y ejercicio de los recursos públicos asignados.

5. Marco jurídico

El marco jurídico se compone del conjunto de disposiciones constitucionales, normas jurídicas y disposiciones administrativas que proporcionan el sustento jurídico para el procedimiento de entrega-recepción en el ámbito federal, estatal y municipal.

Es importante puntualizar que el marco jurídico de la entrega-recepción es amplio y complejo debido a la distribución de competencias en nuestro sistema jurídico y de gobierno. Existe una variedad de ordenamientos jurídicos y disposiciones administrativas que regulan el procedimiento de entrega-recepción en las entidades públicas de los diferentes niveles de gobierno.

Para dimensionar lo anterior, en el marco jurídico incluye los ordenamientos jurídicos y disposiciones administrativas de las treinta y dos entidades federativas y de los dos mil cuatrocientos setenta y cinco municipios del país.

A efecto de generalizar y sintetizar el marco jurídico, facilitando así su comprensión, se agruparán algunos ordenamientos jurídicos y disposiciones en categorías. De esta forma, la entrega-recepción tiene sustento jurídico, de manera enunciativa pero no limitativa, en los siguientes ordenamientos y disposiciones:

- Constitución Política de los Estados Unidos Mexicanos.
- Constituciones Políticas de las entidades federativas.
- Disposiciones orgánicas.
- Disposiciones en materia de entrega-recepción.
- Disposiciones en materia de responsabilidades administrativas de los servidores públicos.

- Disposiciones en materia de contabilidad gubernamental y en materia de transparencia y acceso a la información pública.

- Disposiciones en materia de archivos públicos.

Constitución Política de los Estados Unidos Mexicanos

La Constitución Política de los Estados Unidos Mexicanos es la norma fundamental de la cual emanan todas las normas jurídicas y por la cual se constituyen los órganos del Poder Público de la Federación, las entidades federativas y los municipios. La Constitución General contiene las disposiciones básicas de la entrega-recepción en el ámbito federal, estatal y municipal.

Resultan aplicables las disposiciones constitucionales contenidas en los artículos 108 y 109, en los cuales se define a los servidores públicos, quienes son sujetos en la entrega-recepción, y se establecen los fundamentos para la legislación en materia de responsabilidad administrativa de los servidores públicos.

En el ámbito federal, son fundamento de la entrega-recepción: en la Administración Pública Federal, los artículos 89 y 90; en el Poder Judicial de la Federación, el artículo 94; y en el Poder Legislativo, los artículos 50, 51, 56 y 77. Se refieren a disposiciones relativas a la constitución de los poderes públicos, aspectos orgánicos y sus facultades para expedir las disposiciones administrativas para su funcionamiento interno. Asimismo, son aplicables aquellas disposiciones constitucionales que sirvan de fundamento para la entrega-recepción en los Órganos Constitucionales Autónomos y en la Fiscalía General de la República.

En el ámbito estatal y municipal, son fundamentos los artículos 41, 115, 116 y 124. Son disposiciones constitucionales relativas a la distribución vertical del poder; a la estructura orgánica de las entidades federativas y los municipios; y a las facultades residuales para los Estados. Esta última sirve de fundamento para que los Congresos Locales expidan leyes locales de entrega-recepción, ya que no es una facultad reservada para la federación expedir leyes en esta materia.

Constituciones Políticas de las Entidades Federativas

En las Constituciones locales se encuentran los fundamentos de la entrega-recepción para los órganos del Poder Público local, Órganos Constitucionales Autónomos, Ayuntamientos y dependencias y entidades de la Administración Pública Estatal y Municipal.

Serán sustento jurídico de la entrega-recepción aquellas disposiciones constitucionales que sean relativas a la facultad del Congreso Local para expedir la legislación en materia de entrega-recepción o, en su caso, la facultad de los poderes públicos para expedir las disposiciones administrativas necesarias para su funcionamiento interno, incluyendo las relativas al procedimiento de entrega-recepción. Asimismo, son pertinentes las disposiciones relativas a los aspectos orgánicos de los órganos del Poder Público Local y de los municipios.

Disposiciones orgánicas

En este rubro están comprendidas las leyes orgánicas de los órganos del Poder Público Federal y Estatal, de los municipios y de los Órganos Constitucionales Autónomos en el ámbito federal y local, así como las disposiciones administrativas orgánicas de los Ayuntamientos.

Disposiciones en materia de entrega-recepción

Esta categoría se conforma por las leyes, reglamentos, acuerdos, decretos, lineamientos, manuales y demás disposiciones jurídicas o administrativas relativas al procedimiento de entrega-recepción en las entidades públicas en el ámbito federal, estatal y municipal.

En particular, las disposiciones administrativas en materia de entrega-recepción para las dependencias y entidades de la Administración Pública Federal son: el Acuerdo por el que se establecen las bases generales para los procedimientos de rendición de cuentas, individuales e institucionales, de la Administración Pública Federal; y los Lineamientos Generales para la regulación de los procedimientos de rendición de cuentas de la Administración Pública Federal, expedidos por la Secretaría de la Función Pública.

Respecto a la Cámara de Diputados, las normativas son: la Norma para la entrega y recepción de los órganos legislativos y unidades administrativas de la Cámara de Diputados; y el Manual de políticas para llevar a cabo los actos de entrega y recepción de los órganos legislativos y unidades administrativas de la Cámara de Diputados. En el Senado de la República, la disposición administrativa en materia de entrega-recepción son las Políticas para la Participación en Actos de Entrega-Recepción y Actas Administrativas.

En el Poder Judicial de la Federación, el Acuerdo General del Pleno del Consejo de la Judicatura Federal que establece las disposiciones en materia de responsabilidades administrativas, situación patrimonial, control y rendición de cuentas, constituye la disposición en materia de entrega-recepción.

En el ámbito local, esta categoría comprende las leyes locales en materia de entrega-recepción y las disposiciones administrativas emitidas por las entidades públicas estatales, tales como los reglamentos. Dentro de estas disposiciones administrativas se encuentran aquellas expedidas por los Órganos Internos de Control o Unidades de Responsabilidad de las entidades públicas estatales como los manuales, lineamientos y formatos. En el caso particular del Estado de Jalisco, se encuentran en la Ley de Entrega-Recepción del Estado de Jalisco y sus Municipios.

Finalmente, en el ámbito municipal, aunado a las disposiciones administrativas en materia de entrega-recepción estatales, esta categoría incluye también los reglamentos municipales en materia de entrega-recepción y los manuales, lineamientos y formatos expedidos por los Órganos Internos de Control y Unidades de Responsabilidad de las entidades públicas municipales.

Disposiciones en materia de responsabilidades administrativas de los servidores públicos

Las disposiciones en este rubro comprenden la Ley General de Responsabilidades Administrativas y las leyes locales en materia de responsabilidades administrativas y políticas de los servidores públicos.

Disposiciones en materia de contabilidad gubernamental y en materia de transparencia y acceso a la información pública

Estas disposiciones son la Ley General de Contabilidad Gubernamental y la Ley General de Transparencia y Acceso a la Información Pública. Asimismo, las leyes locales y reglamentos municipales en materia de Transparencia y Acceso a la Información Pública.

Disposiciones en materia de archivos públicos

En este apartado se encuentra la Ley General de Archivos, la cual es de observancia en los tres niveles de gobierno, y las leyes locales y reglamentos municipales en materia de archivos públicos.

44

6. Características

Se pueden identificar algunas características del procedimiento de entrega-recepción que la normatividad le atribuye, tales como: interés público, cumplimiento obligatorio y formalidad. También se encuentran características que se le atribuyen por ser cualidades inherentes al procedimiento de entrega-recepción, debido a los efectos jurídicos, políticos y contables que genera, así como la cualidad de ser un mecanismo de rendición de cuentas.

Debido a ello, se puede afirmar que el procedimiento de entrega-recepción se caracteriza por: ser de interés público; de cumplimiento obligatorio; formal; generar efectos jurídicos, políticos y contables; y ser un mecanismo de rendición de cuentas.

Interés público

El procedimiento de entrega-recepción, al igual que toda actividad administrativa, debe estar orientado a la satisfacción del interés público. Este concepto, complejo e indeterminado, se define, sin entrar al debate teórico, como aquellas normas que regulan los procedimientos y actos producidos en la actividad administrativa que busca satisfacer las necesidades colectivas o de interés general de la sociedad.

Por lo tanto, se puede concluir que el interés público, como característica del procedimiento de entrega-recepción, consiste en que dicha actividad administrativa se enfoca en satisfacer pretensiones colectivas como la continuidad de la función pública, la prestación de servicios públicos, la rendición de cuentas sobre el ejercicio, uso y destino de los recursos públicos, y la legalidad en la transición de gobierno.

Cumplimiento obligatorio

El cumplimiento obligatorio, como característica del procedimiento de entrega-recepción, consiste en la cualidad que le otorga la normatividad para exigir su observancia obligatoria, incondicional y absoluta por parte de los servidores públicos obligados a llevar a cabo la entrega-recepción. La falta de observancia puede sancionarse.

En otras palabras, la norma jurídica, en calidad de mandato, impone y obliga a determinados sujetos, en este caso, a los servidores públicos obligados y a los Órganos Internos de Control, a observar y ejecutar el procedimiento de entrega-recepción en los supuestos previstos en la misma norma. El cumplimiento obligatorio se impone mediante la coerción de la propia norma, es decir, bajo la amenaza de imponer sanciones por no cumplir con su mandato.

Formalidad

La formalidad como característica del procedimiento de entrega-recepción, consiste en la existencia de requisitos establecidos en las disposiciones jurídicas que deben observarse en la sustanciación del procedimiento administrativo. Destaca como requisito formal, la elaboración de un acta administrativa en donde se hace constar el procedimiento, documento que a su vez debe reunir determinados requisitos.

Efecto jurídico

El procedimiento de entrega-recepción tiene como característica producir un efecto jurídico, al igual que un acto jurídico, como se explicó anteriormente. A través de la entrega-recepción, se crean, transmiten y extinguen derechos, obligaciones y facultades de las entidades públicas.

Por lo tanto, el efecto jurídico del procedimiento de entrega-recepción consiste en generar consecuencias jurídicas. Esto sucede cuando el servidor público saliente, al sustanciar el procedimiento de entrega-recepción, transfiere derechos, obligaciones y facultades al servidor público que lo sustituye, quien se convierte en depositario de estos. Al mismo tiempo, se le atribuyen derechos y obligaciones inherentes al cargo, empleo o comisión que asume. Asimismo, se extinguen parcialmente las obligaciones y responsabilidades directas del servidor público saliente, aunque persisten obligaciones y responsabilidades secundarias derivadas del uso y destino de los recursos públicos administrados durante su ejercicio como servidor público.

Efecto político

A su vez, el procedimiento de entrega-recepción produce efectos políticos. Se ha mencionado previamente que la entrega-recepción constituye un acto final en el proceso de transición gubernamental, representando la etapa conclusiva de gobierno saliente al término de su ejercicio constitucional y un acto en la etapa inicial del gobierno entrante que comienza su periodo constitucional.

En ese sentido, el procedimiento administrativo de entrega-recepción genera un efecto político al trascender en la transición de los gobiernos y en el ejercicio tanto de los gobiernos salientes como de los entrantes.

Efecto contable

Como última característica, la entrega-recepción produce un efecto contable, el cual se materializa a través de la verificación y comprobación del ejercicio financiero y presupuestal de la entidad pública. Dicho procedimiento permite evaluar el estado financiero que guarda y facilita el conocimiento de los recursos económicos y bienes patrimoniales de una entidad pública.

Mecanismo de rendición de cuentas

El procedimiento de entrega-recepción se caracteriza por ser un mecanismo de rendición de cuentas a través del cual los servidores públicos cumplen con la obligación de informar sobre el uso y destino de los recursos públicos bajo su administración y gestión. Este procedimiento facilita la transparencia de la información respecto al uso y destino de los recursos públicos, así como al desempeño tanto de los servidores públicos como de las entidades públicas.

7. Sujetos

Los sujetos en el procedimiento de entrega-recepción son aquellos con la aptitud para intervenir en el mismo, en términos de las normas jurídicas aplicables. Se consideran sujetos de la entrega-recepción a los servidores públicos obligados, tanto entrantes como salientes, así como a los Órganos Internos de Control o las Unidades de Responsabilidad, por conducto de sus representantes.

Servidores públicos obligados

Para efectos del presente trabajo, atendiendo al artículo 108 de la Constitución Política de los Estados Unidos Mexicanos, se entiende por servidor público a los representantes de elección popular, funcionarios, empleados y a toda persona que desempeñe un empleo, cargo o comisión de cualquier naturaleza en las entidades públicas de los tres niveles de gobierno.

Como sujetos del procedimiento de entrega-recepción, se identifica a los servidores públicos obligados como aquellos que, por su nivel jerárquico o por la naturaleza de sus funciones, tienen la obligación de llevar a cabo dicho procedimiento al concluir o iniciar su empleo, cargo o comisión, de acuerdo con las disposiciones jurídicas aplicables para cada entidad pública y conforme a su estructura orgánica.

Los servidores públicos obligados, como sujetos que intervienen en el procedimiento de entrega-recepción, son los servidores públicos salientes y entrantes y, en algunos casos, los designados. El servidor público saliente es aquel que concluye su encargo, empleo o comisión y entrega el despacho a su cargo. El servidor público entrante es aquel que inicia formalmente su función y recibe bajo su responsabilidad y resguardo el despacho. El servidor público designado es aquel a quien se le delega la obligación de observar el procedimiento de entrega-recepción por designación, sustitución o representación de un servidor público entrante o saliente.

En términos generales, se puede establecer que la obligación de los servidores públicos como sujetos para realizar el procedimiento de entrega-recepción se determina en razón del nivel jerárquico y por la naturaleza de sus funciones, de acuerdo con las disposiciones de cada entidad pública.

En razón del nivel jerárquico, generalmente serán sujetos los servidores públicos desde el nivel de titulares hasta los jefes de departamento o sus equivalentes en las entidades públicas.

Por la naturaleza de sus funciones, serán sujetos los servidores públicos que, sin estar en el nivel jerárquico antes mencionado, manejen cualquier clase de recursos públicos o sean responsables de administrar, aplicar o comprobar recursos presupuestarios o económicos.

Órganos Internos de Control o Unidades de Responsabilidad

Se considera como sujeto del procedimiento de entrega-recepción a los Órganos Internos de Control o Unidades de Responsabilidad de las entidades públicas. Los Órganos Internos de Control o Unidades de Responsabilidad intervienen a través de sus servidores públicos adscritos como representantes en el procedimiento de entrega-recepción. Poseen, como sujetos, atribuciones para actuar como la instancia reguladora y rectora del procedimiento de entrega-recepción.

En términos generales, los Órganos Internos de Control o Unidades de Responsabilidad intervienen en el procedimiento con las siguientes atribuciones:

- Expedir los lineamientos, manuales y formatos necesarios.
- Auxiliar, asesorar y orientar a los servidores públicos obligados.

- Intervenir, coordinar, revisar y supervisar el procedimiento.

- Verificar el cumplimiento de las disposiciones aplicables.

- Determinar las responsabilidades administrativas que corresponda.

- Elaborar el acta administrativa de entrega-recepción.

8. Tipos

El procedimiento de entrega-recepción se sustanciará siempre que un servidor público concluya su gestión y otro lo sustituya e inicie su función. Los tipos o formas en los que se lleva a cabo el procedimiento de entrega-recepción estarán determinados por las causas por las que se concluye la gestión de un servidor público.

Comúnmente, en el ámbito local se considera que el procedimiento de entrega-recepción es un procedimiento que se realiza exclusivamente durante el cambio de administración por término constitucional o legal en una entidad pública. Sin embargo, el procedimiento de entrega-recepción, si bien tiene lugar al término de un ejercicio constitucional o legal, también puede tener lugar en cualquier momento siempre que un servidor público se separe de su cargo, empleo o comisión.

Del análisis de las disposiciones en materia de entrega-recepción, es posible observar que, generalmente, se reconocen dos tipos de entrega-recepción: de término del ejercicio e intermedia u ordinaria. Se considera que la entrega-recepción es intermedia u ordinaria cuando no se realiza al término del ejercicio constitucional o legal.

Sin embargo, se propone clasificar los tipos de entrega-recepción, en primer lugar, atendiendo a si se realiza o no en todas las dependencias de una entidad pública. En ese sentido, se identifica al procedimiento de entrega-recepción como general o específico. Será general el procedimiento de entrega-recepción cuando se realiza en todas las dependencias de una entidad pública. Será específico cuando el procedimiento se realiza en alguna dependencia en particular de la entidad pública.

Asimismo, se propone clasificar al procedimiento de entrega-recepción de acuerdo con las causas por las que un servidor público concluye su gestión. De manera que el procedimiento podrá ser: final o de término de ejercicio, ordinario y extraordinario.

El procedimiento de entrega-recepción final o de término de ejercicio, será siempre general, debido a la obligación de realizarse en todas las dependencias de la entidad pública. El procedimiento ordinario y extraordinario, serán siempre específicos, toda vez que se realizan únicamente en una dependencia de la entidad pública.

- Final o de término de ejercicio

Se considerará final o de término de ejercicio, cuando el procedimiento de entrega-recepción tiene lugar al término de un ejercicio constitucional o legal. Es decir, cuando los servidores públicos obligados concluyen su cargo, empleo o comisión por la culminación del periodo constitucional o legal en las entidades públicas.

- Ordinario

Será ordinario el procedimiento de entrega-recepción que tiene lugar cuando un servidor público concluye o se separa de su cargo, empleo o comisión por causas distintas al término de un ejercicio constitucional o legal, y que no sea por una modificación a la estructura orgánica.

- Extraordinario

Es extraordinario cuando el procedimiento de entrega-recepción se lleva a cabo cuando un servidor público concluye su cargo, empleo o comisión por motivo de liquidación, extinción, fusión o disolución de una dependencia o entidad pública, o por la transferencia, redistribución o reasignación de atribuciones y funciones a otra dependencia o entidad pública.

9. Objeto

El objeto del procedimiento de entrega-recepción es la trasmisión de recursos, bienes y documentos de las entidades públicas. De manera que, en este apartado se determinará aquello que, mediante el procedimiento, se entrega por el servidor público saliente y se recibe por el servidor público entrante; es decir, aquello que es objeto de la transmisión en el procedimiento de entrega-recepción.

En ese contexto, son objeto del procedimiento de entrega-recepción los recursos, bienes, documentos e información de una entidad pública. Los cuales, de manera enunciativa más no limitativa, se pueden enlistar en las siguientes categorías:

- Recursos materiales.

- Recursos humanos.

- Programas de inversión de obra pública.

- Contratos y convenios.

- Proyectos.

- Asuntos en trámite.

- Archivo general.

- Presupuesto de ingresos y egresos.

- Recursos financieros.

10. Etapas

El procedimiento de entrega-recepción se desarrolla en tres etapas: la primera, se denomina como etapa preparatoria; la segunda, como etapa de entrega-recepción; y la tercera, como etapa de validación y verificación.

Etapa preparatoria

La etapa preparatoria del procedimiento es la fase en la que tienen lugar los actos preparatorios y de inicio en el procedimiento de entrega-recepción. Es importante señalar que, algunos actos en esta etapa únicamente se realizan cuando la entrega-recepción es final o de término de ejercicio, de acuerdo con la clasificación previamente expuesta.

De esa manera, se identifican como actos que tendrán lugar en la etapa preparatoria los siguientes:

- Expedición de lineamientos, manuales y formatos necesarios para la entrega-recepción.

Este acto es realizado por los Órganos Internos de Control, los cuales tienen la obligación de expedir estas disposiciones antes del término del ejercicio constitucional o legal de la entidad pública y con los cuales se busca instrumentar y adecuar el procedimiento de entrega-recepción a las condiciones particulares de cada entidad pública.

- Designación de una comisión de entrega-recepción entre la administración entrante y saliente.

Este acto tiene lugar cuando el procedimiento de entrega-recepción se lleva a cabo debido al cambio de administración. Las comisiones estarán integradas por las personas designadas por las administraciones salientes y entrantes; es decir, por las autoridades electas o por las personas designadas para ser titulares de un Órgano Autónomo, y por los servidores públicos designados por las autoridades en funciones.

- Asignación de recursos presupuestarios para las actividades del procedimiento de entrega-recepción.

Las entidades públicas, en el ámbito de sus competencias, tienen la obligación de asignar recursos presupuestarios para las actividades del procedimiento de entrega-recepción con el cambio de administración en el último ejercicio fiscal de su gestión.

- Preparación de los recursos, bienes, documentos e información objeto del procedimiento de entrega-recepción por parte del servidor público saliente.

Los servidores públicos salientes, antes de concluir un periodo constitucional o legal, tienen la obligación de mantener actualizados y preparados los recursos, bienes y documentos que serán objeto del procedimiento de entrega-recepción.

Etapa de entrega-recepción

Esta etapa se concentra en un acto únicamente: el acto de entrega-recepción. Constituye la parte central, principal e indispensable del procedimiento de entrega-recepción. Dicho acto consiste en la ejecución y materialización de la entrega y recepción de aquellos recursos, bienes, documentos, derechos y obligaciones que son objeto del procedimiento dentro de una entidad pública.

Dicho acto se documenta mediante la elaboración del acta administrativa de entrega-recepción, la cual, a su vez, formaliza el procedimiento que se materializa en esta etapa. Por lo tanto, en esta fase no sólo tiene lugar la entrega y recepción material y jurídica de las entidades públicas, sino que también es la etapa de formalización del procedimiento de entrega-recepción.

El acta de entrega-recepción es el producto del procedimiento administrativo y constituye su elemento de formalidad. En ella se asentará detalladamente el desarrollo del procedimiento. Adicionalmente al acta administrativa de entrega-recepción, se generan documentos denominados anexos, en los cuales se describen con detalle los recursos, bienes y derechos que son objeto del procedimiento de entrega-recepción.

El acta administrativa deber reunir y cumplir con los requisitos y formalidades establecidos por las disposiciones jurídicas; asimismo, debe ser fiel y coincidir al plasmar el desarrollo del acto de entrega-recepción y de los bienes, recursos y documentos que son objeto del procedimiento.

Etapa de validación y verificación

La etapa de validación y verificación es la etapa final y conclusiva del procedimiento de entrega-recepción.

Inicia inmediatamente después del acto de entrega-recepción, una vez que se ha elaborado el acta de entrega-recepción, y concluye con la intervención del Órgano Interno de Control para determinar, en su caso, responsabilidades administrativas. Esta etapa tiene el objetivo de verificar y validar que efectivamente hayan sido entregados al resguardo del servidor público entrante los bienes, recursos y documentos objeto de la entrega-recepción y que estos están en el estado, forma y cantidad en que se informó y se asentó en los anexos al acta.

En esta etapa, tienen lugar esencialmente tres actos que se realizarán cronológicamente en los plazos fijados por las disposiciones jurídicas. Se encuentran los siguientes:

- Verificación del contenido del acta administrativa y anexos una vez concluido el acto de entrega-recepción.

En este acto, se verifica de manera preliminar que el acta de entrega-recepción y los anexos sean coincidentes al asentar el desarrollo del procedimiento y la descripción de los bienes, recursos y documentos objeto de la entrega-recepción que físicamente se han recibido.

• Verificación y validación física.

Posteriormente, tiene lugar un acto en el cual el servidor público entrante y el Órgano Interno de Control validan y verifican físicamente que hayan sido entregados los bienes, recursos y documentos en el estado, forma y cantidad que han sido establecidos y detallados en el acta administrativa y los anexos.

• Observaciones e inconsistencias.

En caso de haber discrepancias o anomalías en la información, estado, forma o cantidad de los recursos, bienes y documentos, el servidor público entrante informará las observaciones e inconsistencias al Órgano Interno de Control o a la Unidad de Responsabilidad.

El Órgano Interno de Control, a su vez, requerirá al servidor público saliente a efecto de subsanar dichas observaciones y, en caso de que no sean solventadas, iniciará el procedimiento de responsabilidad administrativa.

11. Acta de entrega-recepción y sus anexos

El acta de entrega-recepción se conforma por el acta administrativa y sus anexos. En el acta administrativa de entrega-recepción se formaliza el procedimiento de entrega-recepción y se hace constar el acto de entrega-recepción. Los anexos detallan y describen los bienes, recursos y documentos que fueron objeto de la entrega-recepción, así como el estado que guardan, la forma y la cantidad.

El acta administrativa de entrega-recepción será elaborada por el representante del Órgano Interno de Control y deberá ser firmada por el servidor público saliente, el servidor público entrante o la persona que ellos designen, dos testigos de asistencia y el representante del Órgano Interno de Control. Los anexos son elaborados por el servidor público saliente según los bienes, recursos y documentos que tiene bajo su resguardo.

El acta administrativa y los anexos se elaboran en tres tantos originales; se folian todas las fojas de manera consecutiva; se rubrican en todas sus hojas por las personas que intervienen; y son digitalizados. Los tantos de estos documentos se distribuyen al servidor público saliente, al servidor público entrante y al Órgano Interno de Control. Los archivos en formato digital son distribuidos a las unidades administrativas encargadas del patrimonio o administración de bienes y recursos y al archivo de la entidad pública.

El acta administrativa de entrega-recepción y sus anexos deben cumplir con los requisitos formales y de contenido establecidos por la legislación y las disposiciones de las entidades públicas. Aunque el contenido puede variar en función de la entidad pública en la que se desarrolla el procedimiento de entrega-recepción, es posible establecer un marco común al respecto.

Contenido del acta administrativa de entrega-recepción

El contenido básico o general que deberá tener un acta administrativa de entrega-recepción es el siguiente:

- Lugar y fecha en los que se desarrolla el acto de entrega-recepción.
- Hora en la que se inicia el acto de entrega-recepción.
- Entidad pública que se entrega.
- Nombre y carácter de los servidores públicos comparecientes o, en su caso, las personas que los representan y el documento con el que se identifican.
- Domicilio para recibir notificaciones de los servidores públicos que intervienen.
- Relación de los anexos con la descripción detallada de los bienes, recursos y documentos que se entregan.
- Descripción del proceso de verificación y de las manifestaciones de los intervinientes.

- Declaratoria de la recepción en resguardo de los recursos, bienes y documentos al servidor público entrante o su representante.

- Hora del cierre del acto de entrega-recepción.

- Nombre de los testigos.

- Firmas al calce y en cada hoja de los intervinientes.

Contenido de los anexos

Los anexos del acta administrativa de entrega-recepción pueden integrarse en un documento o formato previamente elaborado por el Órgano Interno de Control. El contenido de los anexos es la descripción detallada de los recursos, bienes, documentos e información de la entidad pública, en cuanto a: cantidad, identificación, estado, resguardo, etc. El contenido puede variar de acuerdo con las condiciones y funciones de cada entidad pública. Generalmente, deberán cubrir los siguientes rubros:

- Recursos materiales.

- Recursos humanos.

- Programas de inversión de obra pública.

- Contratos y convenios.

- Proyectos.

- Asuntos en trámite.

- Archivo general.

- Presupuesto de ingresos y egresos.

- Recursos financieros.

- Información adicional.

- Actualizaciones a los anexos.

GUIA BÁSICA PARA EL PROCEDIMIENTO DE ENTREGA-RECEPCIÓN EN LAS ENTIDADES PÚBLICAS ESTATALES Y MUNICIPALES DEL ESTADO DE JALISCO

12. Aspectos generales

En este apartado se analizarán los elementos generales para la comprensión y realización del procedimiento de entrega-recepción para las entidades públicas estatales y municipales del Estado de Jalisco. Aunque algunos elementos que aquí se abordan ya fueron analizados en los apartados anteriores, los cuales son generales y aplicables a los procedimientos de entrega-recepción en el ámbito local, el objetivo de este apartado es delimitarlos de acuerdo con la legislación aplicable.

Entidades públicas

El procedimiento de entrega-recepción es obligatorio para las siguientes entidades públicas estatales y municipales:

- Poderes Legislativo, Ejecutivo y Judicial.

- Ayuntamientos.

- Organismos Constitucionales Autónomos.

- Dependencias y organismos de la Administración Pública Estatal centralizada y paraestatal.

- Dependencias y organismos de la Administración Pública Municipal centralizada y paraestatal.

Normatividad aplicable

Los ordenamientos y disposiciones en las que se sustenta jurídicamente el procedimiento de entrega-recepción para las entidades públicas estatales y municipales del Estado de Jalisco, son los siguientes ordenamientos:

- Constitución Política de los Estados Unidos Mexicanos.

- Constitución Política del Estado de Jalisco.

- Leyes Orgánicas del Poder Ejecutivo, Judicial y Legislativo del Estado de Jalisco, de los Organismos Constitucionales Autónomos y de los Organismos Públicos Descentralizados.

- Ley del Gobierno y la Administración Pública Municipal del Estado de Jalisco.

- Ley de Entrega-Recepción del Estado de Jalisco y sus Municipios.

- Reglamentos municipales en materia de entrega-recepción.

- Disposiciones administrativas en materia de entrega-recepción como reglamentos, manuales y lineamientos de las entidades públicas.

- Ley General de Responsabilidades Administrativas.

- Ley de Responsabilidades Políticas y Administrativas del Estado de Jalisco.

- Ley General de Contabilidad Gubernamental.

- Ley General de Transparencia y Acceso a la Información Pública.
- Ley de Transparencia y Acceso a la Información Pública del Estado de Jalisco y sus Municipios.
- Reglamentos municipales en materia de Transparencia y Acceso a la Información Pública.
- Ley General de Archivos.
- Ley de Archivos del Estado de Jalisco y sus Municipios.

Debe mencionarse que, aunque los ordenamientos y disposiciones previamente enlistados constituyen el sustento jurídico del procedimiento de entrega-recepción, los aspectos prácticos y normativos para la realización de dicho procedimiento se encuentran en las disposiciones particulares en materia de entrega-recepción. Por lo tanto, es oportuno profundizar en una explicación general de estas.

Ley de Entrega-Recepción del Estado de Jalisco y sus Municipios

La Ley de Entrega-Recepción del Estado de Jalisco y sus Municipios contiene las bases y principios generales del procedimiento de entrega-recepción para las entidades públicas estatales y municipales del Estado de Jalisco. Fue aprobada el 14 de septiembre de 2012, publicada en el Periódico Oficial "El Estado de Jalisco" el 13 de octubre de 2012 y entró en vigor hasta el 1 de julio de 2013. Se compone de treinta y un artículos divididos en tres títulos, los cuales, para efectos de ilustración, se detallan a continuación:

- Título primero: Disposiciones generales.
- Título segundo: Del procedimiento administrativo de entrega-recepción.
  - Capítulo I: De las obligaciones de los servidores públicos.
  - Capítulo II: Del procedimiento de entrega-recepción.

- o Capítulo III: De la preparación de la entrega-recepción al cambio de administración.
  - o Capítulo IV: Del acto de entrega-recepción.
- Título tercero: De las responsabilidades y sanciones.

Reglamentos y disposiciones en materia de entrega-recepción

En términos del artículo 7 de la Ley de Entrega-Recepción del Estado de Jalisco y sus Municipios, las entidades públicas, en el ámbito de su competencia, deben contar con reglamentos, manuales, lineamientos, formatos y demás disposiciones administrativas necesarias para establecer los criterios y el desarrollo del procedimiento de entrega-recepción en las entidades públicas.

Estas disposiciones tienen la finalidad de desarrollar, precisar, enlazar y dar contenido a los preceptos, conceptos y principios establecidos en la Ley de Entrega-Recepción del Estado de Jalisco y sus

Municipios para crear los medios necesarios para su aplicación en la entidad pública. Deberán particularizar el procedimiento de entrega-recepción a las condiciones de cada entidad pública, atendiendo a su naturaleza, función y estructura orgánica.

Con el objetivo de que los reglamentos y disposiciones administrativas permitan a las entidades desarrollar un procedimiento de entrega-recepción de acuerdo con sus condiciones, deberán dar contenido a los principios contenidos en la Ley y establecer detalladamente los siguientes aspectos:

- Los servidores públicos que estarán obligados a realizar el procedimiento de entrega-recepción en la entidad, detallando su puesto, nivel jerárquico o funciones.

- Conformación y funciones de la comisión transitoria de entrega-recepción cuando el procedimiento deba realizarse por cambio de administración. Detallando los servidores públicos de la entidad que la integrarán dicha comisión y las funciones que tendrá.

- La forma en que se desarrollará el procedimiento de entrega-recepción. Estableciendo, sin contravenir a lo previsto en la ley, los términos y plazos en los que se preparará y desarrollará el procedimiento en las dependencias de la entidad y la información y documentación detallada que será objeto del procedimiento.

- La intervención del Órgano Interno de Control y sus funcionarios en el procedimiento de entrega-recepción.

- Obligaciones y responsabilidades de los servidores públicos obligados en la entidad.

- El contenido y formato que deberán tener el acta administrativa de entrega-recepción y sus anexos.

- Los lineamientos para llenar y elaborar las actas de entrega-recepción y los anexos, estableciendo detalladamente la información y datos que deberán quedar asentados en dichos documentos.

- El desarrollo de la etapa de verificación y validación.

Las disposiciones administrativas en materia de entrega-recepción deberán emitirse por los órganos de las entidades públicas facultados para ello. En el caso de los reglamentos municipales, serán emitidos por el Ayuntamiento; los reglamentos de las entidades públicas estatales por los órganos competentes; y los manuales, lineamientos, formatos y demás disposiciones, será expedidos por los Órganos Internos de Control o Unidades de Responsabilidad de cada entidad pública estatal y municipal.

Intervinientes

Son sujetos del procedimiento de entrega-recepción en las entidades públicas estatales y municipales del Estado de Jalisco; los servidores públicos obligados, tanto entrantes y salientes, y el Órgano Interno de Control, a través de un representante. En la sustanciación del procedimiento, conforme al artículo 16 de la Ley de Entrega-Recepción del Estado de Jalisco y sus Municipios, deberán intervenir:

- El servidor público titular saliente o la persona que sea designada por el superior jerárquico.
- El servidor público titular entrante o la persona que este designe.
- Un representante del Órgano Interno de Control.
- Al menos un testigo por cada uno de los servidores públicos obligados.

La Ley regula la forma de sustituir a los servidores públicos obligados cuando no realicen el procedimiento de entrega-recepción por distintas causas. De esa manera, deberán tomarse en cuenta lo siguiente:

- En caso de que el servidor público saliente no realice el procedimiento, su superior jerárquico o el Órgano Interno de Control deberán designar a un servidor público responsable del procedimiento.

- En el supuesto de que no se tenga certeza del nombramiento o designación del servidor público entrante, o este no comparezca, el servidor público saliente hará la entrega del despacho al Órgano Interno de Control.

Obligaciones de los servidores públicos

Son obligaciones de los servidores públicos sujetos del procedimiento de entrega-recepción, de acuerdo con los artículos 8, 9, 10 y 11 de la Ley de Entrega-

Recepción del Estado de Jalisco y sus Municipios, las siguientes:

- Realizar el procedimiento de entrega-recepción al inicio y termino de su encargo en los términos y formas previstas.
- Mantener actualizados los registros, controles y documentación relativa a su gestión.
- Recibir y entregar los recursos, bienes y documentos bajo su responsabilidad y resguardo.

Atribuciones del Órgano Interno de Control

Como sujeto del procedimiento de entrega-recepción, el artículo 17 de la Ley de Entrega-Recepción del Estado de Jalisco y sus Municipios establece como atribuciones del Órgano Interno de Control de las entidades públicas:

- Expedir los lineamientos, manuales y formatos necesarios.
- Auxiliar, asesorar y orientar a los servidores públicos obligados.
- Intervenir, coordinar, revisar y supervisar el procedimiento.
- Verificar el cumplimiento de las disposiciones aplicables.
- Determinar las responsabilidades administrativas que correspondan.

Objeto

Será objeto de transmisión en el procedimiento de entrega-recepción para las entidades públicas estatales y municipales del Estado de Jalisco, conforme al artículo 20 de la Ley de Entrega-Recepción del Estado de Jalisco y sus Municipios:

- Recursos humanos: planilla y expedientes de personal, tipo de nombramiento y adscripción; y la relación de personal con licencia, permiso o comisión, área a la que está comisionado y el periodo de ausencia.

- Bienes, derechos, recursos y obligaciones a su resguardo.

- Información contable, presupuestaria, programática y financiera.

- Asuntos pendientes.

- Libro blanco.

- Documentación e información relevante.

13. Sustanciación

La sustanciación del procedimiento de entrega-recepción se realiza en tres fases: etapa preparatoria, acto de entrega-recepción y etapa de verificación y validación. De manera concreta, se pueden establecer, de acuerdo con la normatividad aplicable, los actos y plazos en los que tienen lugar cada una de las etapas.

Cabe mencionar que, aunque previamente se analizaron teóricamente los tipos de entrega-recepción, clasificación que también es aplicable a este caso en particular, se debe considerar los supuestos en los que, conforme a los artículos 2 y 6 de la Ley de Entrega-Recepción del Estado de Jalisco y sus Municipios, tendrá lugar el procedimiento de entrega-recepción:

- Al tomar posesión del empleo, cargo o comisión el servidor público entrante.

- Al término de un ejercicio constitucional o legal de las entidades.

- Cuando, por causas distintas al cambio de administración, se separe o suspenda de su cargo, empleo o comisión a un servidor público obligado.

Etapa preparatoria

Los actos que se llevan a cabo en la etapa preparatoria del procedimiento de entrega-recepción, se identifican en los artículos 7, 8, 18, 19 y 24 de la Ley de Entrega-Recepción del Estado de Jalisco y sus Municipios. Estos consisten, en orden cronológico de su desarrollo, en lo siguiente:

- Las entidades públicas, dentro del ámbito de sus competencias, deberán expedir las disposiciones administrativas pertinentes en materia de entrega-recepción.

- Las entidades públicas en el último ejercicio fiscal de su administración deberán prever los recursos suficientes para los gastos que se originen por las actividades del procedimiento de entrega-recepción.

- Seis meses antes del término del ejercicio constitucional o legal, el Órgano Interno de Control de la entidad pública deberá expedir los manuales, formatos de acta y demás formatos necesarios para el procedimiento.

- A más tardar treinta días antes del cambio de administración en el Poder Ejecutivo, Legislativo y en los Municipios, se deberá conformar una comisión compuesta por lo servidores públicos de la administración saliente y aquellas personas designadas por los titulares de la administración entrante.

En el caso de las demás entidades, se integrará la comisión con tiempo suficiente para que al nombramiento de sus titulares se pueda preparar el procedimiento, de lo contrario, intervendrá el Órgano Interno de Control quien fijará los tiempos conforme a las disposiciones aplicables.

- Los servidores públicos salientes deberán actualizar sus registros, archivos y documentos relativos a su gestión para integrar la información en los anexos.

- Antes del acto de entrega-recepción, el titular del Órgano Interno de Control deberá notificar mediante oficio los servidores públicos obligados, cuando menos con tres días de anticipación, el lugar, fecha y hora para realizar el acto.

Acto de entrega-recepción

El acto de entrega-recepción se define como el acto mediante el cual se entrega y recibe formal, jurídica y materialmente los recursos, bienes y documentos objeto de la entrega-recepción.

De conformidad con los artículos 11 y 23 de la Ley de Entrega-Recepción del Estado de Jalisco y sus Municipios, el acto de entrega-recepción deberá realizarse en los siguientes términos:

- El acto de entrega-recepción deberá realizarse en un plazo no mayor a cinco días contados a partir del inicio formal de la función del servidor público entrante.

- En el caso de entidades o dependencias encargadas de tareas de seguridad, servicios médicos y de emergencia, así como las que por su naturaleza funcionan veinticuatro horas del día, el acto de entrega-recepción deberá realizarse desde el primer minuto en el que se efectúe el cambio de administración.

El desarrollo del acto de entrega-recepción se llevará a cabo en tres momentos, conforme a lo establecido en los artículos 22, 25 y 27 de la Ley de Entrega-Recepción del Estado de Jalisco y sus Municipios, de la siguiente manera:

- El servidor público saliente, el servidor público entrante, el representante del Órgano Interno de Control y los testigos, comparecerán con identificación oficial en el lugar, fecha y hora señalada para realizar el acto de entrega-recepción.

- Se procederá a levantar el acta administrativa, al tiempo que se realizará la entrega de bienes, recursos y documentos objeto de la entrega-recepción. Estos serán detallados, inventariados y enlistados para describirse en el acta y en los anexos correspondientes.

- Verificado el contenido de la información del acta de entrega-recepción, se realizará la declaratoria de resguardo de los bienes y documentos recibidos. Posteriormente, se procederá a la firma autógrafa del acta administrativa por parte de los intervinientes.

Es importante mencionar un supuesto contemplado en el artículo 15 de la Ley de Entrega-Recepción del Estado de Jalisco y sus Municipios, en relación a qué deberá realizarse cuando los servidores públicos, al término de su gestión, sean reelectos o ratificados.

Aunque los actos de la etapa preparatoria deben realizarse indistintamente de si se está o no en este supuesto, el acto de entrega-recepción no se llevará a cabo. En sustitución al acto de entrega-recepción, cuando un servidor público al término de su ejercicio sea reelecto o ratificado, dentro de los primeros quince días hábiles al inicio de su segundo periodo o posteriores a su ratificación, deberán presentar ante el

Órgano Interno de Control de la entidad pública, un informe detallado del estado que guarda la dependencia o entidad a su cargo.

Etapa de verificación y validación

En términos de los artículos 27, 28 y 29 de la Ley de Entrega-Recepción del Estado de Jalisco y sus Municipios, los actos en la etapa de verificación y validación se desarrollan de la siguiente manera:

- Se verificará que el contenido del acta administrativa de entrega-recepción corresponda con los recursos, bienes y documentos que fueron objeto del acto de entrega-recepción.

- En un término no mayor a treinta días hábiles, el servidor público entrante y el Órgano Interno de Control, deberán realizar la verificación y validación física del contenido del acta administrativa de entrega-recepción y sus anexos.

- En caso de detectar irregularidades, en el término de los tres días siguientes al plazo para la verificación y validación, se deberá informar al Órgano Interno de Control.

- En un plazo no mayor a cinco días a la recepción de la notificación de observaciones, el Órgano Interno de Control deberá hacerlas del conocimiento del servidor público saliente a efecto de que comparezca a manifestar lo que a derecho corresponda. Dicha comparecencia y manifestaciones se harán constar en acta administrativa.

- Cuando las inconsistencias no sean aclaradas, el Órgano Interno de Control iniciará con el procedimiento de responsabilidad administrativa y resolverá lo correspondiente.

Acta administrativa de entrega-recepción

El acta administrativa hace constar el acto de entrega-recepción y formaliza el procedimiento, sus requisitos están establecidos en el artículo 26 de la Ley de Entrega-Recepción del Estado de Jalisco y sus Municipios.

Contenido del acta administrativa:

- Lugar y fecha del acto de entrega-recepción.
- Hora en la que se inicia la entrega-recepción.
- Entidad o dependencia que se entrega.
- Nombre y carácter de los servidores públicos comparecientes o, en su caso, las personas que los representan, así como el documento con el que se identifican.
- Descripción detallada de los bienes, recursos y documentos que se entregan, incluyendo los anexos correspondientes.
- Descripción del proceso de verificación y de las manifestaciones de los intervinientes.

- Declaratoria de la recepción en resguardo de los recursos, bienes y documentos al servidor público entrante o su representante.
- Hora del cierre del acto de entrega-recepción.
- Nombre de los testigos.
- Firmas al calce y en cada hoja de los intervinientes.

Anexos

Los anexos contienen una descripción detallada de los recursos, bienes, documentos e información que son objeto de la entrega-recepción. Los requisitos y contenido de éstos estarán regulados por las disposiciones administrativas de las entidades públicas. La información en los anexos deberá especificar:

- Datos de identificación y descripción.
- Información del resguardo.
- Información de cantidad, contenido y estado que guarda.

Contenido de los anexos:

- Recursos materiales.
  - o Bienes muebles relación de mobiliario de oficina, equipo de oficina, equipo de transporte, equipo de cómputo, equipo de radiocomunicación, herramientas y maquinarias.
  - o Inventario general de almacén.
  - o Relación de sistemas computacionales.
  - o Bienes inmuebles propios, otorgados en arrendamientos, otorgados en comodato y arrendados por la entidad pública.
  - o Relación de armamentos e inventario de municiones.
  - o Inventario de semovientes.
- Recursos humanos.
  - o Organigrama general por dependencia.
  - o Planilla de personal.
  - o Sueldos no entregados por dependencia.
  - o Personal con licencia o permiso, con vacaciones pendientes de disfrutar,

comisionado de o a otra área, suspendido sin goce de sueldo e incapacitado.

- Programas de inversión de obra pública.
  - o Obras en procesos con recursos propios y con recursos externos o mixtos.
  - o Obras en estudio o proyecto.
- Contratos y convenios.
  - o Contratos y convenios vigentes y no vigentes.
  - o Contratos con problemas de finiquito.
  - o Concesiones otorgadas.
  - o Obligaciones y compromisos a cargo de la entidad pública.
  - o Derechos a favor de la entidad pública
- Proyectos.
  - o Obras en ejecución.
  - o Programas en estudio o proyecto
- Asuntos en trámite.
  - o Asuntos en trámite por dependencia.
- Archivo general.
  - o Archivos en resguardo.

- o Relación de leyes, reglamentos y disposiciones administrativas de aplicación vigente, manuales de organización, políticas, libros y normas de administración interna.
- o Relación de formas valoradas y no valoradas.
- o Relación de sellos oficiales.
- o Relación de fianzas vigentes.
- o Padrón de proveedores y contratistas de la entidad pública.
- o Padrón fiscal, de licencias y de usuarios.
- Presupuesto de ingresos y egresos.
  - o Información presupuestal.
- Recursos financieros.
  - o Estados financieros.
  - o Cuentas bancarias, inversiones, depósitos, títulos e instrumentos financieros de la entidad pública.
  - o Conciliación de cuentas de cheques resumida.
  - o Detalle de cuentas de inversión.
  - o Cheques expedidos sin entregar.
  - o Cuentas de administración.

- o Relación de fondos revolventes.

- o Estado de deuda pública.

- o Estado de las participaciones.

- o Relación de pagos realizados por anticipado.

- o Depósitos en garantía.
- Información adicional.
- Actualizaciones a los anexos.

14. Formato de acta de entrega-recepción

ACTA DE ENTREGA-RECEPCIÓN

En el Municipio de **(1)**, Jalisco, siendo las **(2)** del día **(3)**, estando debidamente constituidos en el lugar que ocupa **(4)**, en el domicilio ubicado en **(5)** con la comparecencia de: **(6)** quien se desempeñaba con el cargo de **(7),** se identifica con **(8)**, señala como domicilio ubicado en **(9)** y quien hace la entrega del despacho; **(10)** quien acredita mediante **(11)** haber sido designado en el cargo de **(12)**, se identifica con **(13)**, señala como domicilio el ubicado en **(14)**, y quien recibe el despacho; como representante del Órgano Interno de Control de la entidad pública, comparece **(15)**, quien se identifica con **(16)**; y como testigos de asistencia designados por los servidores públicos obligados **(17)**, quien se identifica con **(18)** y **(19)**, quien se identifica con **(20)**. Personas que comparecen a efecto de realizar el acto de entrega-recepción con fundamento en el artículo 25 de la Ley de Entrega-Recepción del Estado de Jalisco y sus Municipios, **(21)**. - - - - - - Acto continuo se procede a realizar la entrega de los recursos, bienes, documentos e información asignados y bajo resguardo de **(22)** dejando constancia en la presente de una relación de los anexos y documentos que se entregan: -**Relación de anexos: (23)*** - - - Acto seguido, los servidores públicos entrante y saliente que comparecen, verifican que la relación de anexos y los anexos concuerda con los bienes, recursos, documentos e información que son entregados, con la reserva de ley para la verificación y validación física de los mismos en términos de los artículo 27 y 28 de la Ley de Entrega-Recepción del Estado de Jalisco y sus Municipios. - El servidor público entrante **(24)** declara recibir bajo su resguardo los recursos, bienes y documentos que se le entregan materialmente y constan en los anexos que antes se relacionan en términos de la fracción VIII del artículo 26 de la Ley de Entrega-Recepción del Estado de Jalisco y sus Municipios. - - - - - - - Concluido el acto de entrega-recepción y no habiendo más hechos que constatar, siendo las **(25)** del día **(26)** se procede a cerra la presente acta administrativa. Previa lectura se autoriza con la firma de quienes intervienen al calce y en cada hoja que integran la misma. - - - - - - - - -

(27)

Servidor público saliente.

(28)

Servidor Público entrante.

(29)

Representante del Órgano Interno de Control del Ayuntamiento.

(30) (31)

Testigos

(1) Municipio en donde se realiza.

(2) Hora con minutos del inicio.

(3) Día en que se realiza.

(4) Entidad pública.

(5) Domicilio de la entidad.

(6) Nombre del servidor público saliente.

(7) Cargo del servidor público saliente.

(8) Documento con el que se identifica el servidor público saliente.

(9) Domicilio del servidor público saliente.

(10) Nombre del servidor público entrante.

(11) Documento con el que el servidor público entrante acredita su nombramiento.

(12) Cargo del servidor público entrante.

(13) Documento con el que se identifica el servidor público entrante.

(14) Domicilio del servidor público entrante.

(15) Nombre del representante del Órgano Interno de Control.

(16) Documento con el que se identifica el representante del Órgano Interno de Control.

(17) Nombre del testigo.

(18) Documento con el que se identifica el testigo.

(19) Nombre del testigo.

(20) Documento con el que se identifica el testigo.

(21) Fundamentación según el reglamento y disposiciones administrativas de la entidad pública.

(22) Entidad pública.

***(23)** En este apartado se podrá dejar un formato para marca si en el caso existe o no el anexo y los folios, o podrán relacionarse únicamente los anexos que se adjuntan en el caso concreto.

(24) Nombre del servidor público entrante.

(25) Hora con minutos del inicio.

(26) Día en que se realiza.

(27) Nombre del servidor público saliente.

(28) Nombre del servidor público entrante.

(29) Nombre del representante del Órgano Interno de Control.

(30) Nombre del testigo.

(31) Nombre del testigo.

15. Referencias

Fernández Ruiz, J. (2016). *Derecho Administrativo*. Instituto Nacional de Estudios Históricos de las Revoluciones en México. Instituto de Investigaciones Jurídicas UNAM. Consultado en: https://archivos.juridicas.unam.mx/www/bjv/libros/9/4455/16.pdf

Ley de Entrega-Recepción del Estado de Jalisco y sus Municipios. Consultada el día 25 de abril de 2024 en: https://congresoweb.congresojal.gob.mx/bibliotecavirtual/leyesestatales.cfm

Secretaria de la Función Pública. (2015). *Guía Conceptual del Proceso de Entrega-Recepción en la*

Administración Pública Estatal y Municipal. Consultada en: https://swebrepo.tabasco.gob. mx/Entrega- Recepcion/guia-concept-proc-E-R.pdf

www.ingramcontent.com/pod-product-compliance
Lightning Source LLC
LaVergne TN
LVHW091443190726
843491LV00007B/1857